Christian Hanne

HILFE, ICH WERDE PAPA!

arsEdition

2 REIN GING'S LEICHTER ALLES ÜBER DIE GEBURT

3 EINE SCHRECKLICH NETTE FAMILIE ALLES ÜBER DIE ERSTE ZEIT ZU DRITT

HERZLICHEN GLÜCKWUNSCH!

Sie werden Vater. Wahrscheinlich haben Sie sich dieses Buch gekauft, weil Sie Ihre Partnerin in den nächsten Monaten unterstützen, die Schwangerschaft aktiv mitgestalten und ein guter Vater werden wollen. Okay, noch wahrscheinlicher hat Ihre Partnerin Ihnen dieses Buch geschenkt, aber das macht ja nichts.

Vermutlich wird Ihnen ein wenig mulmig, wenn Sie daran denken, was auf Sie jetzt alles zukommt. Zu Recht! Eine Schwangerschaft ist in der Regel kein romantischer Spaziergang an einem lauen Sommerabend. Häufiger ist sie wie eine Himalaya-Expedition – barfuß, ohne Sauerstoffgerät, bei schlechtem Wetter. Und der Bergführer hat sich aus dem Staub gemacht.

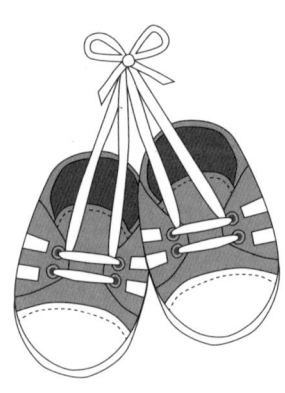

Um Sie nicht zu entmutigen, hier schon mal meine drei wichtigsten Ratschläge für die Schwangerschaft und das Vatersein:

1. **HABEN SIE KEINE PANIK.** Sie sind nicht der erste Mann, der daran scheitert, ein perfekter Vater zu sein. Also entspannen Sie sich. Es wird schon schiefgehen.

2. **SEIEN SIE EIN TEAM.** Ihre Partnerin hat auch keine Ahnung. Zusammen schaffen Sie das. Oder Sie vermasseln es gemeinsam.

3. **SUCHEN SIE KEINE PATENTREZEPTE.** Jede Schwangerschaft, jede Geburt, jedes Baby ist anders. Irgendwann finden Sie heraus, was für Sie funktioniert. Und noch häufiger finden Sie heraus, was nicht funktioniert.

Diese drei Tipps sind wirklich das Schlaueste, was ich Ihnen mitgeben kann. Viel mehr müssen Sie eigentlich gar nicht wissen. Ein paar Tipps und Informationen über Schwangerschaft, Geburt und die erste Zeit zu dritt habe ich Ihnen aber trotzdem noch aufgeschrieben. Vermutlich werden Sie kein schlechterer Partner und Vater sein, wenn Sie das alles nicht lesen. Aber vielleicht bekommen Sie so viel mit, dass Sie wenigstens in manchen Situationen nicht wie der letzte Volltrottel dastehen. Mutter und Kind werden es Ihnen danken. Oder mir.

VIEL SPASS!

JETZT WIRD'S RUND

ALLES ÜBER DIE SCHWANGERSCHAFT

DIE AUSSERIRDISCHE KIRSCHE

EIN PAAR FAKTEN ZUM 1. TRIMESTER

Kurz nach der Zeugung ist Ihr Nachwuchs zwar nur ein winziger Zellhaufen, aber schon ein echter Champion. Er hat das Rennen gegen anderthalb bis drei Millionen andere Spermien gewonnen und als Erster die Eizelle erreicht.

Nach drei Monaten eifriger Zellteilung ist das kleine Ding auf die Größe einer Kirsche angewachsen. Mit seinem großen Kopf sieht es aber eher aus wie eine außerirdische Kirsche.

Möglicherweise leidet Ihre Partnerin zu Beginn der Schwangerschaft unter Übelkeit, Müdigkeit und Verstopfung. Spätestens jetzt merken Sie, dass Sie den erheblich einfacheren Part bei der Schwangerschaft haben.

Bei der werdenden Mama schießen die Hormone nun tsunamiartig durch den Körper. Daher kommt es mitunter zu „leichten" Stimmungsschwankungen, gegen die Klaus Kinski wie ein mental stabiler Zeitgenosse erscheint.

Seien Sie in dieser Phase besonders mitfühlend und helfen Sie Ihrer Partnerin, Stress zu vermeiden und sich auszuruhen. Schwere Verrichtungen sind für Schwangere tabu. Sollten Sie bisher im Sinne der Gleichberechtigung Ihre Frau die Wasserkisten in den fünften Stock haben tragen lassen, ist das jetzt Ihr Job.

2. TRIMESTER:
I LIKE TO MOVE IT, MOVE IT

Bis Ende des ersten Trimesters hieß Ihr werdendes Kind noch Embryo, was griechisch ist und „Keimling" bedeutet. Ab jetzt wird es Fötus genannt, was mit „Leibesfrucht" übersetzt werden kann. Auch keine besonders tolle Bezeichnung. Wenigstens lernt Ihr Kind frühzeitig, was es heißt, vom Regen in die Traufe zu kommen.

Im zweiten Trimester gedeiht Ihr Baby prächtig weiter. Auf dem Kopf hat es einen zarten Flaum, eine Kauleiste im Mund und sogar schon zarte Wimpern. Die Haut ist allerdings noch ein wenig runzlig, wie bei einer Rosine. Es sieht nicht mehr aus wie ein Alien, sondern eher wie Ihr 98-jähriger Großonkel Heinz, der auf Familienfeiern immer die Blumen-Deko isst, weil er sie für die Salatbeilage hält.

Ungefähr im vierten oder fünften Monat spürt Ihre Partnerin vermutlich die ersten Bewegungen des Kindes im Bauch. Ein erhabener Moment, von dem Sie beide finden, dass die Tagesschau darüber berichten sollte. Nach der ungefähr tausendsten Kindsbewegung verliert das Ganze allerdings ein wenig an Reiz. Besonders für die Mutter, wenn das Kind irgendwann zutritt wie Bruce Lee in „Der Mann mit der Todeskralle".

Da sich das werdende Kind vor allem nachts immer mehr bewegt, wird Ihre Partnerin zunehmend unruhig schlafen. Und Sie damit auch. Beklagen Sie sich nicht darüber, sondern bringen Sie besser regelmäßig Ihre Dankbarkeit zum Ausdruck, den Zauber der Schwangerschaft gemeinsam erleben zu dürfen.

DAS 3. TRIMESTER:
ES WIRD UNGEMÜTLICH

Mittlerweile kann das Kind hell und dunkel unterscheiden. Eine wichtige Fähigkeit, damit es später weiß, wann Nacht ist und es die Eltern stündlich aus dem Schlaf reißen muss.

Der Fötus nimmt nun stetig zu, alleine in den letzten fünf Wochen der Schwangerschaft circa ein Drittel seines Körpergewichts. Sie kennen das sicherlich aus der Advents- und Weihnachtszeit.

Parallel nimmt auch Ihre Partnerin weiter zu, ihre Verdauung spielt wahrscheinlich verrückt und die Schweißdrüsen laufen auf Hochtouren. In der Endphase der Schwangerschaft wird sie sich nicht gerade wie eine Disney-Prinzessin fühlen, sondern eher wie ein dauerschwitzendes Nilpferd mit Blähungen. (Bitte schwärzen Sie diese Textstelle, sollten Sie das Buch der zukünftigen Mutter zum Lesen geben.)

⟶ ÜBERLEBENSTIPP: KEINE TIERWITZE!

Verzichten Sie während der Schwangerschaft im Beisein Ihrer Partnerin auf Witze und Vergleiche mit Elefanten, Mammuts, Seekühen, Pottwalen sowie anderen schwergewichtigen Tieren. Im Prinzip gilt das nicht nur für die Schwangerschaft, sondern immer.

Sie glänzen derweil in Ihrer neuen Rolle als mitfühlender, aufmerksamer Butler. Erleichtern Sie Ihrer Partnerin die beschwerliche Zeit mit schmerzlindernden Wärmflaschen und fürsorglichen Massagen. Reichen Sie ihr außerdem immer wieder Getränke und gesunde Snacks. Allerdings nicht zu gesunde. Damit machen Sie sich auch keine Freunde. Und sich keine Freude, denn aus Solidarität müssten Sie gemeinsam auf der Couch Rohkost mümmeln. Dann doch lieber ab und zu Schokolade. Sind ja auch Vitamine drin.

Spätestens ab dem 9. Schwangerschaftsmonat sollten Sie ständig und zu jeder Zeit erreichbar sein. Schließlich wollen Sie nicht der Trottel sein, der in der Kneipe Bier säuft oder in einem super-, super-, superwichtigen Meeting sitzt, während seine Partnerin in den Wehen liegt.

DIE SCHWANGERSCHAFTSVORSORGE:
WAS GEHT DENN HIER AB?

In den 1960er-Jahren wurden Frauen mit Geldprämien gelockt, damit sie zur Schwangerschaftsvorsorge gehen. Bevor Sie sich jetzt über eine lukrative Einnahmequelle freuen: Das gibt es schon lange nicht mehr. Heute ist es selbstverständlich, dass Schwangere regelmäßig die Vorsorgetermine beim Frauenarzt oder bei der Hebamme wahrnehmen. Und dass ihre Partner sie begleiten.

Als Mann waren Sie wahrscheinlich noch nie in einer gynäkologischen Praxis (außer Sie sind Frauenarzt) oder in einer Hebammenpraxis. Alleine unter Frauen im Wartezimmer fühlen Sie sich vielleicht so deplatziert wie ein Metzger auf der Jahreshauptversammlung der Veganen Gesellschaft Deutschland. Wenn Sie die Schwangerschaft möglichst aktiv miterleben und Ihre Partnerin unterstützen wollen, sollten Sie trotzdem zu möglichst vielen der Untersuchungen mitgehen.

Insgesamt gibt es ungefähr zehn Vorsorgetermine, zusätzlich drei Ultraschall-Screenings und unter Umständen noch den ein oder anderen weiteren Arztbesuch. Vielleicht finden Sie diese ständige Rennerei zu den Ärzten lästig. Ihre Partnerin bestimmt auch, aber die kann sich das ja nicht aussuchen.

Sehen Sie es einfach so: Es gibt keine bessere Entschuldigung, einen nervigen Bürotermin zu schwänzen, als zu sagen: „Sorry, ich muss zur Schwangerschaftsvorsorge."

→ **ÜBERLEBENSTIPP: WIESO, WESHALB, WARUM? WER NICHT FRAGT, BLEIBT DUMM!**

Stellen Sie während des ersten Vorsorgetermins alle Fragen, die Ihnen unter den Nägeln brennen. Wirklich alle. Haben Sie keine Scheu und löchern Sie den Arzt oder die Ärztin mit allem. Sie wissen ja, es gibt keine doofen Fragen. Das ist natürlich gelogen, denn es gibt sehr wohl doofe Fragen („Und dürfen wir den Storch behalten, der unser Kind bringt?"), aber ich möchte Sie nicht entmutigen.

EIN BUCH MIT SIEBEN SIEGELN

Zu Beginn der Schwangerschaft bekommt jede Frau den Mutterpass ausgehändigt. Dort werden Untersuchungsbefunde eingetragen, Laborergebnisse eingeklebt und Entwicklungsverläufe in Diagramme eingezeichnet. Damit ist er eine Mischung aus Wartungsheft, Panini-Album und Mandala-Malbuch. Da der Mutterpass alle wichtigen Informationen zur Schwangerschaft enthält, sollte Ihre Partnerin ihn immer mit sich führen. Okay, wenn sie den Müll runterbringt, vielleicht nicht unbedingt, aber das ist in der Schwangerschaft ohnehin Ihre Aufgabe.

Der Mutterpass hat allerdings einen großen Nachteil: Er ist vollgepackt mit medizinischen Fachbegriffen und Abkürzungen. Das macht ihn so verständlich wie die Bedienungsanleitung eines Toasters, die von einem dreijährigen Kind aus einem isländischen Fischerdorf getextet und dann mit einer Übersetzungsmaschine ins Deutsche übertragen wurde. Worte wie Chlamydia, Varikosis oder intrauterin bieten zwar gute Gewinnchancen beim Galgenmännchen, aber keinen Erkenntnisgewinn für medizinische Laien, die lediglich wissen wollen, ob bei der Schwangerschaft alles gut läuft. Sollte Ihnen im Mutterpass irgendetwas unklar sein, erkundigen Sie sich beim Frauenarzt oder der Hebamme. Überlassen Sie das nicht Ihrer Partnerin. Schließlich sind Sie nicht in der Schule, wo Sie immer gehofft haben, dass irgendjemand anderes nachfragt, damit Sie wie Schweinchen Schlau dastehen.

ZUVERLÄSSIG WIE EIN HOROSKOP

Beim ersten Vorsorgetermin, der ungefähr in der fünften bis achten Schwangerschaftswoche stattfindet, wird auch der voraussichtliche Entbindungstermin errechnet. Darauf müssen Sie aber nicht besonders viel geben. Die Bestimmung des Geburtsdatums ist ungefähr so haltbar wie die Prognosen eines Jahreshoroskops, das Ihnen vorhersagt, Anfang Dezember sorgten Saturn und Pluto im Steinbock mit vereinten Kräften dafür, dass Sie ein großes Plus auf dem Konto haben werden.

WO IST DIE ERDNUSS?

Während der Schwangerschaft sind insgesamt drei Ultra-schall-Screenings vorgesehen. Beim ersten Ultraschall, der zwischen der neunten und zwölften Schwangerschaftswoche durchgeführt wird, sehen Sie erstmals ein Bild Ihres ungebore-nen Kindes. In Schwarz-Weiß und etwas grobkörnig, aber ein Bild! Etwas Fantasie brauchen Sie allerdings, um tatsächlich ein Kind zu erkennen. Das ist zu diesem Zeitpunkt eher eine Art unförmige Erdnuss. Ohne die Hilfe des Arztes sehen Sie es auf dem Monitor wahrscheinlich gar nicht.

Bis Sie zu Hause sind und das ausgedruckte Ultraschallbild be-trachten, haben Sie auch schon wieder vergessen, wo bei der Erdnuss oben, unten, vorne und hinten ist. Das ist aber egal, denn die Freunde, Verwandten, Kollegen und Wildfremden auf der Straße, die Sie voller Vaterstolz mit diesem Bild belästigen, wissen es auch nicht besser.

Je nach Gerät können Sie beim ersten Ultraschall die Herztöne Ihres Kindes hören. Ein bewegender Moment, bei dem vielen Männern plötzlich erst richtig klar wird, dass sie Vater werden.

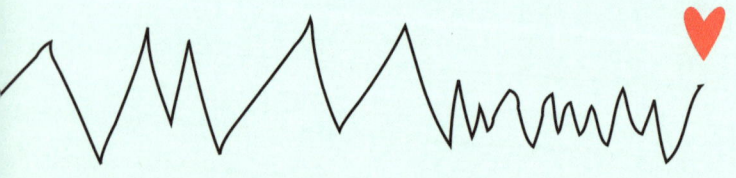

Der Puls des ungeborenen Kindes ist übrigens ungefähr doppelt so schnell wie der eines Erwachsenen. Wenn das Herz des Embryos mit 120 bis 140 Schlägen die Minute wummert wie ein durchschnittlicher Scooter-Song, müssen Sie sich also keine Sorgen machen. Wenn der Frauenarzt dabei aber „Hyper, Hyper!" grölt, sollten Sie sich schon ein wenig Sorgen machen und eventuell den Wechsel der Praxis in Betracht ziehen. Und wenn Sie „Hyper, Hyper!" grölen, sollte sich Ihre Partnerin auf jeden Fall große Sorgen machen und einen Wechsel ihres Lebensgefährten in Betracht ziehen. Außer Sie sind H.P. Baxxter. Dann kennt sie das ja nicht anders.

→ ULTRASCHALL IN 3D: CHUCKY LÄSST GRÜSSEN

Seit einigen Jahren ist es auch möglich, Ultraschall-Screenings in 3D vorzunehmen. Medizinisch ist das meistens nicht erforderlich, aber vielleicht möchten Sie gerne ein möglichst plastisches Bild Ihres Kindes im Mutterbauch sehen.

Vor einem 3D-Ultraschall sollten Sie sich bewusst machen, dass Ihr Kind auf dem 3D-Bild nicht gerade „Cutest Embryo Alive"-Material ist. Die meisten Kinder sehen auf diesen Aufnahmen ein wenig gruselig aus und haben die Niedlichkeit von Chucky, der Mörderpuppe. Selbstverständlich dürfen Sie das werdenden Eltern niemals sagen, sondern müssen beim Betrachten des Bildes einen Ruf des Entzückens ausstoßen und die unverkennbare Ähnlichkeit mit Mutter und Vater loben.

RISIKOSCHWANGERSCHAFT:
KEINE PANIK
AUF DER TITANIC

Vielleicht wurde Ihre Partnerin bei der ersten Vorsorgeuntersuchung in die Kategorie „Risikoschwangerschaft" eingestuft. Das ist erst mal kein Grund, kaltschweißige Hände zu bekommen. Denn damit befindet sie sich in guter Gesellschaft. Oder zumindest in zahlreicher Gesellschaft. Mehr als ein Drittel aller werdenden Mütter gelten als Risikoschwangere.

Es reicht zum Beispiel schon, wenn die Schwangere über 35 ist. Dann ist sie automatisch eine Risikoschwangere, weil sie medizinisch gesehen eine „Spätgebärende" ist. Ein recht uncharmanter Ausdruck, insbesondere wo heutzutage über 50-Jährige im Internet als „Silver Surfer" oder zahlungskräftige Senioren jenseits der 60 als „Golden Ager" umschmeichelt werden.

Unter Umständen empfiehlt der Frauenarzt bei einer Risiko-schwangerschaft verschiedene vorgeburtliche Untersuchungen wie eine Nackenfaltenmessung oder eine Fruchtwasserpunktion, um festzustellen, ob das Kind bestimmte angeborene Erkrankungen oder genetische Veränderungen hat. Diese Tests, für oder gegen die sich jedes Paar individuell entscheiden und dafür unter Umständen auch selbst bezahlen muss, gehören definitiv zu den unschönen Momenten der Schwangerschaft.

→ ÜBERLEBENSTIPP: FINGER WEG VON DR. GOOGLE!

Googeln Sie während der Schwangerschaft niemals und unter gar keinen Umständen nach Symptomen, Diagnosen und Befunden. Im Internet finden Sie ganz schnell Berichte über zweiköpfige Ziegen in Peru oder über Babys, die mit Schwimmhäuten an Füßen und Fingern zur Welt gekommen sind. Das war's dann mit einer entspannten und unbeschwerten Schwangerschaft. Also, keine Visite bei Dr. Google! Das ist nicht der Arzt, dem die Frauen vertrauen. Und die Männer auch nicht.

DIE ERSTAUSSTATTUNG:
MINIMALISMUS RULES!

Nirgends wird Eltern mehr Geld aus der Tasche gezogen als bei der Anschaffung der Baby-Erstausstattung (außer später beim Kauf der ersten Schuhe, des ersten Fahrrads, des Schulranzens und eigentlich allem, was Sie irgendwann für Ihr Kind besorgen müssen). Da kommen schnell Kosten zusammen, für die Sie sich eine Eigentumswohnung in München-Giesing leisten könnten.

Beschränken Sie sich daher bei den Anschaffungen für die ersten Monate Ihres Babys auf das Nötigste. Das meiste können Sie entweder von Freunden oder Verwandten leihen oder gebraucht kaufen. Ihrem Kind ist es egal, ob seine Klamotten schon von einem anderen Baby angesabbert wurden, und Sie schonen Ihren Geldbeutel.

→ ÜBERLEBENSTIPP: NICHT ALS ERSTLINGSELTERN OUTEN

Geben Sie sich in Babymärkten niemals als Erstlingseltern zu erkennen. Wirklich niemals! Sonst sind Sie für die Verkäuferinnen und Verkäufer eine leichtere Beute als ein altersschwaches Gnu in der Serengeti für ein Rudel Löwen. Das merken Sie spätestens an der Kasse, wenn Sie einen Betrag bezahlen müssen, der ungefähr dem griechischen Staatsdefizit entspricht.

DAS KINDERZIMMER:
DER UNBEWOHNTE RAUM

Möglicherweise verspüren Sie den Drang, Babys zukünftiges Kinderzimmer mit hübschen Gardinen, gemustertem Teppich und niedlichen Tapeten einzurichten. Das können Sie sich getrost sparen, denn in den ersten Monaten (wenn nicht gar Jahren) wird sich Ihr Kind in keinem Raum weniger aufhalten als im sogenannten Kinderzimmer. Machen Sie sich lieber darauf gefasst, dass sich sämtliche Baby- und Kindersachen unaufhaltsam in Ihrer Wohnung ausbreiten werden. Im Schlafzimmer steht der Stubenwagen, in der Küche fliegen unzählige Fläschchen, Sauger und Beißringe herum, auf dem Wohnzimmerboden sind Unmengen an unnützem Spielzeug verteilt und der Kinderwagen blockiert den Flur. Im Prinzip sieht Ihre Wohnung bald aus, als hätte darin eine Bande von Mietnomaden im Babyalter gehaust.

KINDERWAGEN, TRAGETUCH UND AUTOSCHALE:
IMMER SCHÖN
MOBIL BLEIBEN

Beim Kinderwagen sollten Sie darauf achten, dass er stabil und gut gefedert ist. Das schont den Rücken des Babys. Außerdem sollten die Griffe hoch genug sein, damit Sie den Wagen nicht bucklig wie Quasimodo durch die Straßen schieben müssen. Das schont die Rücken der Eltern. Wichtig ist auch ein breiter Radstand und ausreichend Fußfreiheit für Sie. Sonst treten Sie andauernd gegen die Achse und wecken womöglich das schlafende Baby. Und das wollen Sie unter keinen Umständen. Unter gar keinen!

Der Wagen sollte auch nicht zu schwer sein. Da Sie als Jungvater in der Regel erschöpft und dauermüde sind und keine Zeit fürs Fitnessstudio haben, sind Sie zu schwächlich, um irgendetwas zu heben, das mehr als fünfzehn Kilo wiegt. Schließlich sollte der Kinderwagen einfach zusammenklappbar sein. Sie wollen ja kein ingenieurswissenschaftliches Studium absolvieren müssen, um den Wagen im Kofferraum zu verstauen. Eine gute Alternative oder Ergänzung zum Kinderwagen ist eine Tragehilfe oder ein Tragetuch. Das Kind genießt die Nähe und Sie haben die Hände frei. Allerdings ist die Handhabung von Tragetüchern anfangs nicht ganz einfach. Sie sollten sich professionell einweisen lassen und das Tuch erst benutzen, wenn Sie Ihr Baby damit auch wirklich sicher an Ihren Körper binden können. Möglicherweise ist das Kind dann allerdings schon so alt, dass es bereits laufen kann.

Für sichere Fahrten mit dem Auto benötigen Sie eine Baby-schale. Diese sollte selbstverständlich alle vorgeschriebenen Sicherheitsstandards erfüllen. Außerdem ist bei Babyschalen ein abziehbarer Bezug, der gewaschen werden kann, von Vorteil. Babys haben nämlich die Angewohnheit, im Auto zu spucken. (Okay, Babys haben die Angewohnheit, überall zu spucken.) Wenn Sie den Bezug der Babyschale nicht ordentlich gereinigt bekommen, riecht es im Auto bald wie in einer versifften Molkerei, die wegen mehrfacher Verstöße gegen Hygienevorschriften dichtgemacht wurde.

DIE KLEIDUNG:
NO-GO: SÖCKCHEN UND SCHLEIFEN-BODYS

Zum Anziehen braucht das Baby am Anfang ein paar Bodys, Oberteile, Strampler und Schlafanzüge und für draußen je nach Jahreszeit Jacke oder Overall, Mütze und Handschuhe. Das gibt es häufig secondhand von Freunden oder Verwandten, die froh sind, die verwaschenen Babyklamotten loszuwerden.

WAS SIE AUF KEINEN FALL BENÖTIGEN:

BABYSOCKEN. Die halten nie und gehen ständig verloren. Sie könnten sie, anstatt sie Ihrem Baby anzuziehen, auch gleich irgendwo in die Wohnung feuern und gar nicht erst suchen.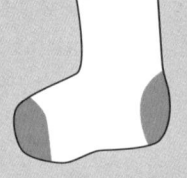

BODYS ZUM BINDEN. Die wurden von einem Menschen erfunden, der Eltern hasst. Ein zappelnder Säugling ist ungefähr so einfach anzuziehen wie ein Oktopus auf Ecstasy. Da sind Sie heilfroh, wenn Kopf, Arme und Beine irgendwann in den richtigen Öffnungen des Bodys stecken und wollen danach nicht auch noch Schleifchen binden. Das Baby auch nicht.

KAUFEN, BIS DER ZWEGAT WEINT

Irgendwann schlagen Sie dann vermutlich doch alle Warnungen in den Wind und gehen in ein Baby-Kaufhaus. Dort erstehen Sie dann extrem wichtige Utensilien wie parfümierte Windeleimer, Nasensekretsauger oder einen batteriebetriebenen Kinderwagenrüttler, bis RTL-Schuldnerberater Peter Zwegat weinend in Embryonalstellung neben dem Kassenbereich liegt. Aber das ist schon okay. Schließlich geht es um Ihr Baby.

→ **ÜBERLEBENSTIPP: ALLZEIT PARAT – DER SCHNULLER**

Wenn Sie Ihrem Kind einen Schnuller geben wollen, sollten Sie auf jeden Fall einen großen Vorrat davon anlegen, damit Sie für Notfälle in jedem Raum Ihrer Wohnung genügend Exemplare deponieren können. Außerdem haben Schnuller die Angewohnheit, verloren zu gehen. Und zwar ständig. Am besten schließen Sie gleich ein Schnuller-Abo ab.

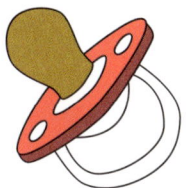

DIE BABYSICHERE WOHNUNG:
SAFER LIVING

Am besten kümmern Sie sich schon in der Schwangerschaft darum, die Wohnung babysicher zu machen. Möglicherweise denken Sie, das sei doch ein wenig verfrüht, wo das Baby doch noch gar nicht geboren ist und am Anfang ohnehin nicht viel mehr macht als schlafen, essen und verdauen. Da haben Sie zwar recht, aber wenn das Baby erst einmal da ist, haben Sie ganz viel anderes um die Ohren, müssen sich an das Leben mit Baby gewöhnen und befinden sich in einem Dauerzustand der Ermüdung und Erschöpfung. Dann verschwenden Sie keinen Gedanken mehr daran, in der Wohnung etwaige Gefahrenquellen zu beseitigen – und plötzlich fängt das Kind an zu krabbeln. Und krabbelnde Babys schätzen Gefahren und Risiken ungefähr so gut ein wie ein betrunkener Matrose.

Sie müssen zwar nicht in ständiger Angst leben, dass Ihrem Baby gleich etwas zustößt und es nur einen Krabbelmeter von einer Fahrt in die Notaufnahme entfernt ist, aber ein paar Vorsichtsmaßnahmen sollten Sie schon treffen.

STECKDOSENSCHUTZ: Sichern Sie ausnahmslos jede Steck-
dose in der Wohnung, auch in den entferntesten Winkeln und
Ecken, die Sie nur bäuchlings erreichen. Genau von diesen Or-
ten werden Babys magisch angezogen.

SICHERHEITSRIEGEL FÜR SCHUBLADEN UND SCHRÄNKE:
Die sollten Sie dort anbringen, wo Sie beispielsweise Putzmit-
tel, Werkzeug oder Geschenkbänder (Strangulationsgefahr!)
aufbewahren. Diese Riegel funktionieren so gut, dass Sie die
gesicherten Schränke und Schubladen selbst kaum noch auf-
bekommen werden. Das ist aber egal, haben Sie in den ersten
achtzehn Monaten mit Baby ohnehin keine Zeit zum Putzen,
Handwerken oder Geschenkeinpacken.

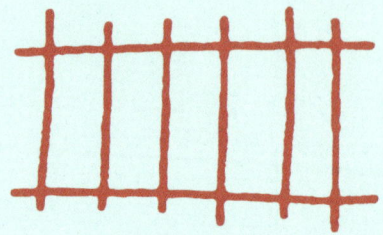

TREPPENSCHUTZGITTER: Wahrscheinlich sind Sie recht bald genervt vom ewigen Auf- und Zumachen des Gitters und steigen einfach darüber. Dadurch laufen Sie allerdings Gefahr, zu stolpern, die Treppe runterzufallen und sich das Genick zu brechen. Aber wenigstens ist Ihrem Kind nichts passiert.

ANTIRUTSCHMATTE FÜR DIE BADEWANNE: Diese sollten Sie ab und an säubern oder austauschen. Was nutzt es dem Kind, dass es vor Stürzen in der Wanne geschützt ist, sich aber durch Schimmelsporen Asthma oder Allergien einfängt?

WEITERE SINNVOLLE SICHERHEITSMASSNAHMEN sind Herdschutzgitter, Klemmschutz für Türen oder Kippsicherungen für Flachbildschirme. Alles in allem sollten Sie aber nicht in ständiger Angst um die Sicherheit Ihres Kindes leben. Sonst müssten Sie die ganze Wohnung mit Watte auspolstern. Das sieht zwar hübsch aus, ist aber wahnsinnig schwer, sauber zu halten.

→ ÜBERLEBENSTIPP: WEG MIT DEN WERTGEGENSTÄNDEN

Geldbeutel, Handys und Schmuck sollten Sie tunlichst vor dem Kind in Sicherheit bringen. Babys werfen gerne Sachen in den Mülleimer oder schieben sie in Ritzen und Ecken, wo sie nie wieder auftauchen. Dabei ist es ihnen egal, ob sie ein Päckchen Taschentücher oder ein 800-Euro-Handy verschwinden lassen.

DIE NAMENSWAHL:
BABY, WHAT'S YOUR NAME?

Im Vorwort von „Das große Buch der 10.000 Vornamen" heißt es: „Ein schöner und passender Vorname macht Ihr Kind einzigartig und begleitet es ein Leben lang." Das stimmt. Und für einen unschönen, unpassenden Namen stimmt das noch viel mehr.

In der Einleitung habe ich geschrieben, dass Sie das als zukünftiger Papa alles schon irgendwie schaffen werden und keine Panik haben sollen. Für die Namenswahl gilt das nicht. Da kann eine ganze Menge schieflaufen. (Falls Sie Rasputin oder Gernot heißen, wissen Sie, was ich meine.)

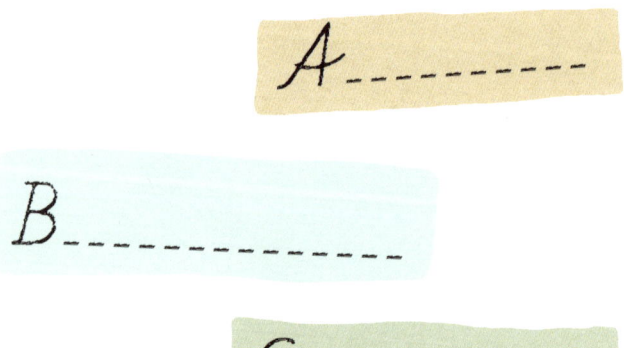

Möglicherweise denken Sie, in dem großen Buch mit den 10.000 Vornamen werden Sie ja wohl schon etwas finden. Da liegen Sie ziemlich falsch, das können Sie mir glauben. Wir haben das Buch vor der Geburt unseres ersten Kindes gekauft. Nachdem meine Frau und ich es durchgearbeitet hatten, haben wir dem Verlag einen neuen Titel vorgeschlagen: „Das große Buch der 9.812 Namen, die so was von gar nicht infrage kommen, sowie der 181 Namen von Personen, die Sie nicht ausstehen können und die deswegen ausscheiden, und ein kümmerlicher Rest von 7 Namen, die auch nicht das Gelbe vom Ei sind, von denen es aber irgendeiner sein muss".

Wir warten noch auf eine Antwort.

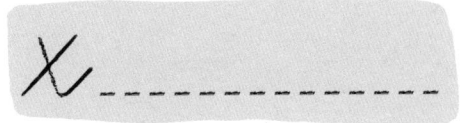

DAS GEHT JA GAR NICHT

Wenn Sie eine Liste mit möglichen Jungen- und Mädchennamen zusammenstellen, werden Sie schnell feststellen, dass Sie viele davon mit Menschen verbinden, die Ihnen höchst unsympathisch sind. Michael hat Ihnen in der Grundschule immer das Pausenbrot gemopst, Hannes ist der Kollege, der sich penetrant beim Chef einschleimt, Fridolin hört gerne „Böhse Onkelz", und Paul geht auch nicht, weil Sie einen gleichnamigen Vetter zweiten Grades haben, der bei Familienfeiern immer sexistische Witze erzählt.

Bei den Mädchennamen sieht es möglicherweise auch nicht besser aus. Marie hat Ihnen in der 8. Klasse einen Korb gegeben, Natascha in der 9., Eva in der 10., Simone in der 11. und Cornelia in der 12. Hoffen Sie einfach, dass es ein Junge wird.

➡ **ÜBERLEBENSTIPP: NICHT MIT DER MASSE GEHEN**

Die Gesellschaft für deutsche Sprache gibt jedes Jahr Listen mit den beliebtesten Mädchen- und Jungennamen heraus. Lesen Sie sich die Namen aufmerksam durch und streichen Sie dann alle unverzüglich von Ihrer Wunschnamen-Liste. Schließlich möchten Sie nicht, dass Ihr Kind später in der Kita oder Schule einer von 38 Bens oder eine von 46 Maries ist.

DIE HARTEN KOMMEN AUS DEM GARTEN

Von Filmstars oder Rocklegenden sollten Sie sich besser auch nicht inspirieren lassen. Gwyneth Paltrow hat beispielsweise ihre Tochter Apple (Apfel) genannt, die Tochter von Keith Richards heißt Dandelion (Löwenzahn) und Bob Geldof kam auf die Idee, sein Kind Peaches Honeyblossom (Pfirsich-Honigblüte) zu nennen. Okay, diese Stars können sich das erlauben. Die haben genügend Geld, um ihre Kinder jahrelang zum Therapeuten zu schicken, weil sie von ihren Namen traumatisiert sind. Auf Englisch hören sich Apple, Dandelion oder Peaches ja auch noch ganz okay an. Auf Deutsch aber nicht. Oder möchten Sie, dass Ihre Tochter später mal auf einer Party sagen muss: „Hi, ich bin Löwenzahn. Hast du Lust zu tanzen?"

ALLES, WAS RECHT IST

Bei der Wahl des Vornamens sind Sie als Eltern prinzipiell frei. Allerdings muss er als Vorname erkennbar sein, das Geschlecht des Kindes erahnen lassen, es dürfen insgesamt nicht mehr als fünf Vornamen sein und das Kindeswohl darf nicht verletzt werden. In erster Linie entscheidet das Standesamt, ob ein Vorname genehmigt wird. Im Falle der Ablehnung können Sie sich bis zum Bundesverfassungsgericht durchklagen.

GENEHMIGTE VORNAMEN	NICHT GENEHMIGTE VORNAMEN
Sexmus Ronny	Pfefferminza
Don Armani Karl-Heinz	Junge
Freigeist	Störenfried
Pumuckl	Blitz
Tarzan	Waldmeister
Imperial-Purity	Crazy Horse
Fanta	Seniorina
Pepsi-Carola	Joghurt
Nussi	Schröder
Sturmhard	Satan

GUT DING
KANN WEILE HABEN

Falls Ihnen jetzt absolut noch kein guter Name für Ihr Kind einfällt, müssen Sie aber nicht in Panik geraten. Sie haben bis einen Monat nach der Geburt Zeit, um beim Standesamt den Namen Ihres Kindes anzugeben. Und innerhalb von 30 Tagen fällt Ihnen sicherlich etwas Besseres ein als dem Star-Koch Jamie Oliver. Dessen fünf Kinder heißen Buddy Bear Maurice, Petal Blossom Rainbow, Poppy Honey Rosie, Daisy Boo Pamela und River Rocket Blue.

LET'S TALK ABOUT SEX

Sex in der Schwangerschaft ist ein wichtiges Thema für viele Männer. (Und Frauen.) Das liegt wahrscheinlich daran, dass Sex immer ein wichtiges Thema für Männer ist. (Und für Frauen.) Laut aktueller Studien denken Männer im Schnitt ungefähr alle 30 Minuten daran. (Frauen immerhin noch gut alle 50 Minuten. Bei einem Film mit Ryan Gosling möglicherweise häufiger.)

Sofern Ihre Partnerin keine Beschwerden hat und keine Komplikationen wie Blutungen, Genitalinfektionen oder eine drohende Frühgeburt vorliegen, gibt es aus medizinischer Sicht keine Bedenken gegen sexuelle Aktivitäten in der Schwangerschaft. Es gilt im Prinzip das alte Reeperbahn-Motto: „Alles geht, nichts muss."

→ LET'S DO IT

Laut einer Studie der Berliner Charité haben schwangere Paare durchschnittlich 1,5 Mal Sex pro Woche. Unbeantwortet blieb dabei allerdings die Frage, was „ein halbes Mal" Sex ist. Vermutlich Coitus interruptus. Oder Erektionsprobleme des Mannes.

DIE PHASEN DER LUST

IM ERSTEN TRIMESTER der Schwangerschaft sind die meisten Paare im Bett weniger aktiv. In dieser Zeit kämpfen viele Frauen mit Übelkeit und Erbrechen. Da braucht es schon sehr spezielle sexuelle Vorlieben auf beiden Seiten, um das anziehend zu finden.

Ganz anders sieht es **IM ZWEITEN TRIMESTER** aus. Die stärkere Durchblutung des Scheiden- und Dammbereichs empfinden viele Frauen als lustvoll. Gleichzeitig finden Männer häufig die zunehmenden weiblichen Rundungen und pralleren Brüste ihrer Partnerinnen erregend. Eine klassische Win-win-Situation für alle Beteiligten.

IM DRITTEN TRIMESTER wird die Sache mit dem Geschlechtsverkehr wieder komplizierter. Bei vielen Frauen nehmen die körperlichen Beschwerden wieder zu, manche kämpfen sogar mit Atemnot. Nicht die besten Voraussetzungen für wilden, ungezügelten Sex. Haben Sie und Ihre Partnerin beide trotzdem noch Lust, erfordert der nun wahrscheinlich doch beträchtliche Bauchumfang von ihr etwas Fantasie, was die Stellungen angeht. Möglicherweise eine schöne Abwechslung vom immer gleichen Blümchensex in der Missionarsstellung.

WAS MÄNNER SCHON IMMER ÜBER SEX IN DER SCHWANGERSCHAFT WISSEN WOLLTEN

KANN DAS KIND BEIM SEX VERLETZT WERDEN?

Das Baby ist im Bauch der Mutter durch die mit Flüssigkeit gefüllte Fruchtblase geschützt. Auch beim elterlichen Sex. Außerdem gilt: ER ist meist kleiner, als Sie denken. So viel Schaden könnten Sie gar nicht anrichten.

HALLO

KANN DAS KIND BEIM SEX MEINEN PENIS SEHEN?

Nur mit Vergrößerungsglas. Kleiner Scherz. Der Fruchtblasen-Airbag schützt das Kind auch vor unerwünschtem Sichtkontakt. Das Baby wird also nicht traumatisiert, weil es plötzlich eine Anakonda sieht. Oder einen Wurm.

IST DIE SCHEIDE MEINER PARTNERIN NACH DER GEBURT AUSGELEIERT?

Eine Sorge, die auch viele Frauen umtreibt. Die Scheide dehnt sich bei einer vaginalen Geburt zwar erheblich, bildet sich aber in den allermeisten Fällen wieder zurück. Ohnehin hängt der weibliche Orgasmus nicht von der Enge der Scheide, sondern

von der Stimulation der Klitoris ab. Ob Sie nach der Geburt guten Sex mit Ihrer Partnerin haben, liegt also ganz in Ihrer Hand. Beziehungsweise Ihrem Penis.

WERDE ICH KEINE LUST MEHR AUF SEX HABEN, WENN ICH BEI DER GEBURT DABEI WAR?

Bei einer vaginalen Geburt erleben Sie, wie aus einem Geschlechtsorgan, das Sie wahrscheinlich immer rein sexuell betrachtet haben, ein Kind geboren wird. Und wie da noch viel mehr rauskommt, was blutig, schmierig und matschig ist. Sie müssen während der Geburt aber auch nicht unbedingt einen Platz in der ersten Reihe zwischen den Beinen Ihrer Partnerin einnehmen. (Da stören Sie ohnehin nur die Ärzte und Hebammen.) Die meisten Männer verdrängen – wie auch die Frauen – ohnehin die „verstörenden" Geburtserlebnisse. Sie können also auch nach der Entbindung wieder ein befriedigendes Sexleben haben. Sofern Sie vorher eins hatten.

AB WANN KÖNNEN WIR NACH DER SCHWANGERSCHAFT WIEDER SEX HABEN?

Im Prinzip ist unbeschwerter vaginaler Sex möglich, sobald bei Ihrer Partnerin die Wunden in der Gebärmutter abgeheilt sind und der Wochenfluss versiegt ist. In der Regel nach ungefähr sechs bis sieben Wochen. Allerdings werden Sie unter aller Voraussicht in den ersten Wochen mit einem Säugling so unter Müdigkeit und körperlicher Erschöpfung leiden, dass Sie sich gar nicht nach Sex, sondern nach etwas ganz anderem sehnen: Schlaf!

REIN GING'S LEICHTER

ALLES ÜBER DIE GEBURT

GEBURTSVORBEREITUNG:
ICH WEISS, DASS ICH NICHTS WEISS

Wenn Sie das erste Mal Vater werden, erfüllt Sie der Gedanke an die Geburt möglicherweise mit Sorge, denn Sie wissen nicht, was auf Sie als Mann zukommt. Damit sind Sie zum Glück nicht alleine: Erstlingsmüttern geht das ganz genauso.

Vor allem wenn Sie bei der Geburt dabei sein wollen, sollten Sie sich vorab umfassend informieren. Dann können Sie während der Entbindung Ihre Partnerin optimal unterstützen und fallen nicht unangenehm durch unqualifizierte Bemerkungen auf („Da passt ein Baby durch? Wie krass ist das denn?").

Es gibt eine Vielzahl von Quellen, die Ihnen Informationen liefern, wie so eine Entbindung abläuft. Allerdings sind nicht alle uneingeschränkt empfehlenswert. Eigentlich keine.

SPIELFILME:
GEBURT À LA HOLLYWOOD

Zahlreiche Spielfilme drehen sich um Schwangerschaft, Geburt und Babys. Aber diese Filme haben zwei große Nachteile: Erstens sind sie meistens so unfassbar öde, dass Sie sich lieber einen rostigen Nagel in die Kniescheibe hämmern, als sich so einen Schwachsinn wie „Dr. T. and the Women", „Junior" oder „Seitenstechen" anzuschauen.

Zweitens zeichnen diese Filme ein vollkommen unrealistisches Bild von Geburten. Auf der Leinwand laufen die immer wahnsinnig schnell ab. Bei der Frau setzen die Wehen ein, es wird ins Krankenhaus gerast, im Kreißsaal stöhnt die werdende Mutter ein paar Mal, der werdende Vater hält ihre Hand und bekommt diese zerquetscht, und schon ist das Baby da und die Eltern schauen es verliebt an. Sekunden nach der Geburt sieht die frischgebackene Mutter außerdem immer ganz umwerfend aus, mit perfektem Make-up und tadelloser Frisur.

Ich möchte nur ungern spoilern, aber Ihre Partnerin wird, nachdem Sie mehrere Stunden mit den Wehen gerungen und ein Kind auf die Welt gebracht hat, mit sehr großer Wahrscheinlichkeit nicht wie Scarlett Johansson auf dem roten Teppich aussehen. Eher als hätte sie sich gerade mit einer Horde Zombies gebattelt, wobei nicht ganz klar ist, ob sie als Siegerin hervorgegangen ist. Ihnen wird es auch nicht besser ergehen. Sie werden vermutlich die blasse Gesichtsfarbe einer Wasserleiche haben und mit Ihren autoreifengroßen Augenringen bei jedem Pandabären-Ähnlichkeitswettbewerb einen der vorderen Plätze belegen.

SPLATTERMOVIE MEETS BLAIR WITCH PROJECT

Wenn Sie sich einen realistischeren Eindruck von Geburten verschaffen möchten, schauen Sie sich Videos auf YouTube an. Vorausgesetzt, Sie haben eine Vorliebe für Splatterfilme und einen stabilen Magen. Da gibt es Clips, bei denen aus jedem Winkel gefilmt, herangezoomt und vollfrontal draufgehalten wird. So können Sie sich in wackeliger Blair-Witch-Ästhetik anschauen, wie Frauen unter Schmerzensschreien zerknautschte und schmierige Babys gebären. Gegen diese Videos wirkt ein Tarantino-Film so harmlos wie eine Heimatschnulze aus den 1960er-Jahren.

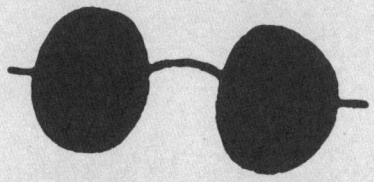

LESEN BILDET. VIELLEICHT.

Etwas weniger plastisch und blutig informieren Ratgeberbücher über die Geburt. Davon gibt es eine schier unendliche Auswahl. Alleine bei dem Online-Buchhändler mit dem großen A mehr als 20 000. Da finden Sie Titel wie „Hypnobirthing – Der natürliche Weg zu einer sicheren, sanften und leichten Geburt" oder „FlowBirthing – Geboren aus einer Welle der Freude" (der Zusatz „und aus einem Schwall von Blut, Fruchtwasser und Kot" hat es anscheinend nicht durchs Lektorat geschafft). Oder „Die geplante Alleingeburt", bei der es genau darum geht – ein Kind ganz alleine ohne Ärzte oder Hebammen auf die Welt zu bringen (viel Glück dabei!).

Sie sehen schon, bei diesen Ratgebern ist für jeden und jede etwas dabei. Oder auch nicht.

VON DEN MÜTTERFOREN LERNEN

Im Internet finden Sie Unmengen an Seiten mit Tipps rund um Schwangerschaft und Entbindung. Einige davon richten sich speziell an Väter, viele mit Checklisten zu den Aufgaben des Mannes während der Geburt. Kleiner Tipp: Es macht keinen guten Eindruck, wenn Sie eine solche Liste ausdrucken und bei der Geburt Punkt für Punkt abhaken.

→ ÜBERLEBENSTIPP: VORSICHT, KLICK!

Bei der Internetrecherche nach Geburtsinformationen ist höchste Vorsicht geboten. Sie sind immer nur einen unvorsichtigen Klick entfernt von Diskussionen über schamanische Geburtsrituale oder über die schmackhaftesten Plazenta-Rezepte. Guten Appetit!

Ebenfalls aufschlussreich sind Internetforen zu Schwangerschaft und Geburt. Spezielle Foren von oder für werdende Väter konnte ich trotz intensiver Recherche zwar keine finden, aber wenn Sie bei den Gruppen von Schwangeren oder Müttern mitlesen, lernen Sie auch als Mann einiges, was Frauen während der Entbindung nützlich finden. Beispielsweise sind manche Frauen dankbar, dass ihre Männer sie während der Wehen angefeuert haben. Damit es nicht zu Missverständnissen kommt, sollten Sie mit Ihrer Partnerin allerdings besser vorher klären, ob sie bei der Geburt lieber „Eine kommt noch, eine kommt noch nach"-Gesänge oder „Steh auf, wenn du Wehen hast" hören möchte. Auf das Abbrennen von Bengalos sollten Sie ganz verzichten.

MEHR ALS NUR HECHELN

Wenn Sie es nicht so mit Lesen haben, können Sie einen Geburtsvorbereitungskurs besuchen. Sie müssen keine Angst haben, dass Sie dort andauernd laut rumhecheln müssen, wie damals der Dackel von Tante Gertrud, wenn er sich an Ihrem Bein geschubbert hat. Die Kurse werden meistens von Hebammen geleitet und es geht um ganz verschiedene Themen rund um Schwangerschaft und Geburt. Atemtechniken sind nur eines unter vielen. Die Kursgebühren übernimmt in der Regel die Krankenversicherung. Zumindest für Frauen.

Geburtsvorbereitungskurse erfreuen sich bei Eltern großer Beliebtheit und sind häufig schnell ausgebucht. Kümmern Sie sich rechtzeitig um die Anmeldung, damit Sie Ihren Kurs circa vier Wochen vor dem errechneten Geburtstermin abgeschlossen haben. (Vier Wochen danach macht der Kurs nicht mehr ganz so viel Sinn. Dann sind Sie ohnehin voll und ganz mit dem neuen Baby beschäftigt und hätten gar keine Zeit.)

DAS ERFAHREN SIE IN EINEM GEBURTS- VORBEREITUNGSKURS:

VERLAUF DER SCHWANGERSCHAFT UND ENTWICKLUNG DES KINDES: Das kennen Sie ja bereits aus Kapitel 1, sodass Sie im Kurs ein paar unterstützende Co-Referate halten und die anderen Teilnehmerinnen und Teilnehmer an Ihrem Wissen teilhaben lassen können. Da freut sich die Kursleiterin bestimmt ganz doll.

GEBURTSABLAUF UND GEBÄRPOSITIONEN: In Spielfilmen liegen Frauen bei der Geburt meistens ausschließlich auf dem Rücken. Das echte Leben ist aber kein Hollywoodfilm – das merken Sie spätestens, wenn Sie in den Spiegel schauen und Ihnen nicht George Clooney entgegenlächelt –, und Frauen können die Wehen besser verarbeiten, indem sie immer mal wieder die Stellung wechseln.

49

NATÜRLICHE UND MEDIKAMENTÖSE SCHMERZVERARBEITUNG:
Dazu zählt dann unter Umständen auch das vielfach gefürchtete Hecheln. Trotzdem ein wichtiges Thema auch für Sie als Mann. Zum einen, damit Sie Ihre Partnerin bei der Geburt optimal unterstützen können. Zum anderen lernen Sie bestimmt die ein oder andere Atemtechnik, die Ihnen hilft, wenn Sie an Heiligabend zu viel gegessen haben und unter Völlegefühl leiden. (Bitte erzählen Sie Ihrer Partnerin niemals, dass Sie ihre Wehenschmerzen mit Ihrer Weihnachtswampe vergleichen. Und vor allem nicht, dass Sie das von mir haben.)

PARTNERMASSAGEN UND ENTSPANNUNGSTIPPS: Diese werden häufig gleich praktisch erprobt, zum Beispiel indem im Kreis alle der Nachbarin oder dem Nachbarn zur Linken die Schultern massieren. Wenn Sie ungünstig sitzen, sind Sie anschließend um die unschöne Grenzerfahrung reicher, wie Ihnen ein stark behaarter und müffelnder Mann mit schwitzigen Händen die Schulterblätter zerquetscht. Danach denken Sie, die Geburt könne auch nicht schlimmer werden. Eine Meinung, die Ihre Partnerin möglicherweise nicht teilt.

WOCHENBETT, STILLEN UND DIE ERSTE ZEIT ZU HAUSE:

Auch diese Themen sind sehr wichtig, denn als Erstlingsvater denken Sie möglicherweise, mit der Geburt haben Sie das Schlimmste überstanden und danach fängt die schöne Zeit mit Ihrem Kind an. (Sie können diesen Satz ja noch mal lesen, wenn Sie nach der Geburt nachts wie einer der Untoten aus „The Walking Dead" durch die Wohnung schlurfen und versuchen, Ihr brüllendes Kind zu beruhigen.)

UAAAAH

→ **PAPA WILL'S WISSEN**

Es gibt auch Geburtsvorbereitungskurse, die sich speziell an werdende Väter richten. Dort können Sie Gleichgesinnte kennenlernen und sich mit ihnen über Ihre Fragen, Erwartungen und Sorgen austauschen. Wenn Sie allerdings nicht gerne mit anderen Menschen reden, ist das ein Argument, das eher gegen einen Väterkurs spricht. Und gegen Geburtsvorbereitungskurse generell.

DER GEBURTSORT:
WO GEBOREN WIRD, DA LASS DICH NIEDER

Die Geburt Ihres Kindes ist ein ganz besonderer und intimer Moment. Da sollten Sie sich vorher mit Ihrer Partnerin genau überlegen, wo Ihr Kind zur Welt kommen soll. Wenn Sie heiraten, gehen Sie ja auch nicht einfach in die nächstbeste Kneipe zum Feiern. (Nach der Geburt vielleicht schon.)

Besprechen Sie gemeinsam, was Ihnen bei der Geburt wichtig ist. Besuchen Sie Informationsabende in Kliniken sowie Geburtshäusern und besichtigen Sie die Geburtsräumlichkeiten. Sprechen Sie vor allem mit den Menschen, die Sie bei der Entbindung voraussichtlich betreuen werden. Denn was nützt die modernste Technik oder ein hübsch gestrichener Geburtsraum, wenn die Geburt von unsympathischen Vollpfosten begleitet wird?

DIE GEBURTSKLINIK:
ABER SICHER DOCH!

Falls Sie ein großes Sicherheitsbedürfnis haben und Wert auf medizinische Betreuung sowie sämtliche Möglichkeiten der Schmerzlinderung legen – oder wenn sich in der Schwangerschaft bereits Komplikationen abzeichnen –, sind Sie in einer gut ausgestatteten Geburtsklinik genau richtig. Sie müssen auch keine Angst vor unpersönlichen Kreißsälen haben. Das sind heutzutage in der Regel keine weiß gekachelten Räume mehr, die die Gemütlichkeit von Schlachthöfen ausstrahlen.

In einer Geburtsklinik haben Sie allerdings meistens keine freie Wahl der Hebamme und bei einer sehr langen Geburt mit mehreren Schichtwechseln werden Sie von unterschiedlichen Hebammen betreut.

Sollte Ihre Partnerin stationär entbinden, muss sie nach der Geburt vielleicht in einem Mehrbettzimmer liegen, was ganz schön nervig sein kann. Ein Baby, das nachts schreit, ist nämlich ganz schön anstrengend. Vor allem, wenn es nicht das eigene ist. Dafür können Sie auf einer Geburtsstation schnell Kontakt zu anderen Eltern knüpfen. Das muss aber nicht immer von Vorteil sein.

GEBÄREN WIE ZU HAUSE, ABER NICHT ZU HAUSE

Haben Sie und Ihre Partnerin den Wunsch nach einer Geburt in einer angenehmen, wohnlichen und sicheren Umgebung, bietet sich die Entbindung in einem Geburtshaus an. Voraussetzung ist, dass die Schwangerschaft komplikationslos verlaufen ist und keine anderen Ausschlusskriterien vorliegen.

Eine selbstbestimmte, stressfreie Geburt in wohnlicher Atmosphäre steht in Geburtshäusern im Vordergrund. Es ist fast wie eine Geburt im eigenen Wohnzimmer. Nur dass Sie danach nicht renovieren müssen.

DIE HAUSGEBURT:
THERE'S NO PLACE LIKE HOME

Möchten Sie und Ihre Partnerin, dass die Geburt in einer vertrauten Umgebung stattfindet, kann Ihre Partnerin das Kind auch zu Hause zur Welt bringen. (Der Italiener, bei dem Sie regelmäßig zu Mittag essen, ist zwar auch eine vertraute Umgebung, eignet sich aber trotzdem nicht für eine Hausgeburt.)

Prinzipiell ist eine Hausgeburt für jede gesunde Frau mit komplikationsfreier Schwangerschaft geeignet. Trotzdem ist diese Geburtsvariante in Deutschland die Ausnahme. Sollten Sie sich für eine Hausgeburt entscheiden, werden Ihre Freunde Sie möglicherweise für unverantwortliche und esoterische Spinner halten. Lassen Sie sich dadurch aber nicht beirren. Suchen Sie sich einfach neue Freunde.

DIE HEBAMME:
DEINE FREUNDIN UND HELFERIN

Hebammen begleiten und beraten Frauen (und mitunter deren Partner) in der Schwangerschaft, bei der Entbindung und in der Zeit nach der Geburt. Sie übernehmen auch, wenn gewünscht, Vorsorgeuntersuchungen (außer Ultraschall-Screenings). Falls Sie eine Beleghebamme haben, begleitet diese Ihre Partnerin auch bei der Geburt in der Klinik oder im Geburtshaus.

Gute Hebammen sind rar. Sie sollten frühzeitig, in einigen Großstädten schon ab der 9./10. Schwangerschaftswoche, mit der Suche beginnen. Im Internet gibt es umfangreiche Checklisten und Fragebögen, um die perfekte Hebamme zu finden. Auf jeden Fall sollte die Chemie stimmen. Allerdings gibt es aufgrund der schlechten Arbeitsbedingungen und der stark gestiegenen Haftpflichtprämien für Hebammen gar nicht mehr so viele Kandidatinnen für Ihr Casting. Unter Umständen müssen Sie froh sein, überhaupt eine zu bekommen. Selbst wenn deren Expertise vornehmlich in der Geburtshilfe für Kälber und Fohlen liegt.

→ **ÜBERLEBENSTIPP: „ALLZEIT BEREIT!" ...**

... gilt als Motto vielleicht nicht für Sex in der Schwangerschaft, aber für die Fahrt zum Geburtsort. Fahren Sie den Weg frühzeitig mehrmals mit dem Auto ab. Wenn Sie ihn mit verbundenen Augen schaffen, sind Sie auf der sicheren Seite. Programmieren Sie die Strecke trotzdem im Navi und speichern Sie die Nummer der Taxi-Zentrale im Handy ab.

ICH PACKE MEINE GEBURTSTASCHE
UND DAS KOMMT MIT

Für eine Geburt in einer Klinik oder einem Geburtshaus sollten Sie ungefähr ab dem 7. Schwangerschaftsmonat die Geburtstasche mit den wichtigsten Utensilien gepackt haben. Wenn die Wehen einsetzen, möchten Sie nämlich nicht hektisch irgendwelche Sachen zusammensuchen und die Hälfte vergessen. Wenn Ihre Partnerin nicht ambulant entbindet, müssen Sie auch an ein paar Dinge für den Klinikaufenthalt denken. Ein Schrankkoffer ist trotzdem nicht nötig.

DAS KOMMT REIN

DOKUMENTE: Mutterpass, Personalausweis, Versichertenkarte, gegebenenfalls Einweisungsschein, Familienstammbuch (bei Verheirateten) oder Geburtsurkunde der Mutter und Vaterschaftsanerkennung (bei Unverheirateten). Die Seepferdchenurkunde ist nicht erforderlich. Wahrscheinlich.

KLEIDUNG FÜR DIE MUTTER: Weite T-Shirts oder Nachthemden, Bademantel/gemütliche Jacke, warme Socken, Baumwoll-Unterwäsche oder Einweg-Slips, Hausschuhe, Still-BHs, Stilleinlagen. Bequemlichkeit geht hier vor. Schließlich läuft Ihre Partnerin nach der Entbindung nicht über den Catwalk, sondern soll sich wohlfühlen.

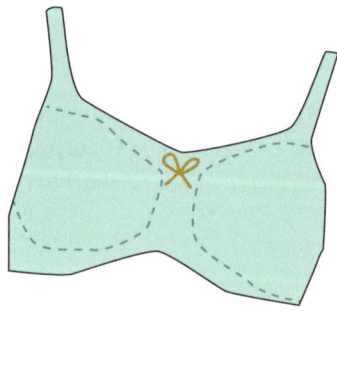

KLEIDUNG FÜR DAS BABY: Viele Krankenhäuser haben Babyklamotten vorrätig. Für die Heimfahrt benötigen Sie Body, Hemdchen und Strampler sowie Jacke und Mütze, im Winter außerdem einen Schneeanzug und eine warme Decke. Denken Sie außerdem an die Babyschale fürs Auto. Und vergessen Sie nicht das Baby, wenn Sie gehen.

KLEIDUNG FÜR DEN VATER: Packen Sie ein Wechsel-Oberteil und Deo für sich ein, falls die Entbindung schweißtreibend wird. Auch Sie müssen zwar keinen Schönheitswettbewerb gewinnen, wollen aber auch nicht wie ein Moschus-Ochse riechen.

TOILETTENARTIKEL: Zahnbürste, Shampoo, Waschlotion und Ähnliches. Make-up für ein Lady-Gaga-Styling ist nicht zwingend nötig.

PROVIANT: Getränke wie Wasser und ungesüßter Tee, außerdem gesunde Snacks wie Müsliriegel. Obstschnitze lagern Sie besser nicht zwei Monate lang in der Geburtstasche.

PERSÖNLICHE DINGE: Musik, Bücher, Stift und Papier. Unbedingt ans Ladekabel fürs Handy denken. Wie sollen Sie sonst die 3 000 Bilder von der Geburt bei Instagram posten?

WARTEN AUF DIE WEHEN

Insbesondere wenn Ihre Partnerin das erste Mal ein Kind bekommt, können Sie mit an Sicherheit grenzender Wahrscheinlichkeit davon ausgehen, dass die Geburt später als zum errechneten Termin losgeht. Irgendwie ist das auch verständlich. In der Gebärmutter ist es schön warm, im Fruchtwasser lässt es sich schön chillen und zu essen gibt es auch immer. Warum soll sich da das Kind durch einen engen, dunklen Gang nach draußen zwängen, wo es so unschöne Sachen gibt wie Steuererklärungen, Helene-Fischer-Alben und die AfD. Da ist der mütterliche Bauch definitiv der bessere Aufenthaltsort.

→ ÜBERLEBENSTIPP: FALSCHER ALARM

Manchmal verspürt Ihre Partnerin gegen Ende der Schwangerschaft vielleicht ein Ziehen im Bauch. Dabei rutscht das Kind tiefer in Richtung Becken. Richtige Wehen sind das aber nicht, sondern „nur" Senkwehen. Gegenüber Ihrer Partnerin reden Sie in diesem Zusammenhang aber niemals von „nur". Nicht einmal in Anführungszeichen.

„WANN IST ES SO WEIT?"
BATSCH!

Die Geduld Ihrer Partnerin wird zum Ende der Schwangerschaft gleich doppelt strapaziert. Einerseits wartet sie vollkommen genervt darauf, dass der Balg sich endlich auf den Weg macht und die Geburt losgeht. Andererseits fragen alle möglichen Menschen – vom Postboten über den Gemüsehändler bis zur Supermarktkassiererin – immer wieder penetrant: „Na, wann ist es denn so weit?" Da bekommt selbst die entspannteste Schwangere irgendwann einen Tobsuchtsanfall, gegen den der unglaubliche Hulk aussieht wie ein friedfertiger Hare-Krishna-Jünger.

DEN WEHEN AUF DIE SPRÜNGE HELFEN

Glücklicherweise gibt es einige natürliche Methoden, um Wehen anzuregen. Für deren Wirksamkeit gibt es zwar keine medizinischen Belege, aber aus ureigenem Interesse sollten Sie Ihre Partnerin trotzdem motivieren, sie auszuprobieren. Dann ist sie immerhin beschäftigt.

Folgenden natürlichen Maßnahmen wird eine angeblich wehenfördernde Wirkung nachgesagt:

STIMULIERENDE TEES: Nein, damit sind keine Hasch-Tees gemeint, sondern zum Beispiel Himbeerblättertee oder ein Tee aus Zimt, Gewürznelken, Ingwerwurzel und Eisenkraut. Auch diese Mischung wirkt stimulierend auf die Muskulatur der Gebärmutter. Besonders lecker sind diese Tees meistens nicht, die zukünftige Mutter wird sie sich wahrscheinlich trotzdem literweise reinschütten, damit das Kind endlich rauskommt.

SCHARF GEWÜRZTES ESSEN: Gehen Sie mit Ihrer Partnerin indisch, thailändisch, vietnamesisch oder chinesisch essen. Was sie isst, ist egal, Hauptsache, es ist auf der Speisekarte mit mindestens drei Chili-Schoten gekennzeichnet. Die scharfen Gewürze regen nicht nur den Magen-Darm-Trakt, sondern anscheinend auch die Wehentätigkeit an. Wenn Sie die Namenssuche noch nicht abgeschlossen haben, können Sie sich von den asiatischen Gerichten inspirieren lassen. Mit Chop-Suey, Teriyaki oder Pho hat Ihr Kind sicherlich einen einzigartigen Namen.

ANREGENDE MASSAGEN: Verwöhnen Sie Ihre Partnerin mit einer entspannenden Massage und verwenden Sie dazu einen Cocktail aus Zimt-, Nelken-, Eisenwurz- und Ingweröl. Diese Ölmischung soll die Muskeltätigkeit der Gebärmutter anregen. Außerdem verströmt sie einen ziemlich grenzwertigen Geruch, so dass mit dieser Mixtur bestimmt auch Erfolge bei exorzistischen Ritualen erzielt werden können. Wahrscheinlich überträgt sich der Gestank auf die Gebärmutter und das Kind will nichts wie raus.

WARME BÄDER: Lassen Sie Ihrer Partnerin ein warmes, aber nicht zu heißes Bad ein. Das fördert die Wehen. Die Wirkung können Sie noch verstärken, indem Sie Zimtblätter, Nelken- oder Ingwerwurzelöl ins Wasser geben. Schwierig wird es nur, wenn die Wehen dann tatsächlich richtig losgehen, weil Hochschwangere aufgrund ihrer Leibesfülle etwas länger brauchen, um die Badewanne zu verlassen. Aber so eine spontane Hausgeburt in der Badewanne ist wenigstens ein paar Jahre später eine super Geschichte auf jeder Stehparty, mit der Sie andere Gäste garantiert begeistern werden.

LEICHTE KÖRPERLICHE ANSTRENGUNG: Durch Spaziergänge, Bauchtanz oder schonende Gymnastik können Frauen ihr Kind unterstützen, in die richtige Geburtsposition zu rutschen. Mit der körperlichen Anstrengung sollte es aber auch nicht übertrieben werden. Es nützt nichts, wenn Sie Ihre Partnerin zu Steigerungsläufen und Hock-Streck-Sprüngen antreiben und diese dann vollkommen erschöpft ist, wenn die Geburt losgeht.

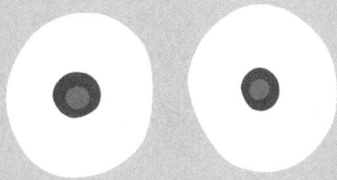

BRUSTWARZENSTIMULATION: Durch das Massieren der Brustwarzen wird bei Schwangeren das Hormon Oxytocin ausgeschüttet, was angeblich die Gebärmutter in Schwung versetzt. Eine Maßnahme, die Sie sicherlich gerne für Ihre Partnerin übernehmen. Außerdem kann sie fließend in die nächste natürliche Methode des Wehenauslösens übergehen ...

SEX: Häufig wird guter alter Geschlechtsverkehr als natürlicher Wehen-Booster empfohlen. Die Hormone im Sperma sollen das Zusammenziehen der Gebärmutter aktivieren. Und es ist doch ein schöner Gedanke, die Schwangerschaft so zu beenden, wie sie begonnen hat.

DIE GEBURT:
NIEMAND MUSS MÜSSEN

Überlegen Sie sich gut, ob Sie bei der Entbindung dabei sein wollen. Eine Geburt ist ein ziemlich archaisches Ereignis. Unter Umständen auch recht blutig. Außerdem werden Sie Ihre Partnerin stöhnen und schreien hören wie nie zuvor (außer Sie sind ein extrem guter Liebhaber). Das ist alles nicht einfach auszuhalten.

Nur weil heutzutage circa 90 Prozent aller Väter bei der Geburt dabei sind, ist es keine Schande, wenn Sie sich eingestehen, dass Sie sich der Geburt nicht gewachsen fühlen. Das ist okay. Sie wären Ihrer Partnerin auch keine große Hilfe, wenn Sie im Geburtsraum als Psychowrack kurz vor dem Nervenzusammenbruch hin- und herlaufen wie ein hospitalisierter Eisbär im Zoo.

Erklären Sie Ihrer Partnerin, warum Sie lieber nicht mitkommen wollen. Sie hat bestimmt Verständnis dafür. Aber sagen Sie ihr rechtzeitig Bescheid. Dann kann sie sich noch um eine andere Geburtsbegleitung kümmern und muss nicht auf dem Weg in die Klinik oder ins Geburtshaus den Taxifahrer fragen, ob er in den nächsten Stunden schon etwas vorhat.

MITTENDRIN, STATT NICHT DABEI

Entscheiden Sie aber auch nicht zu leichtfertig, nicht bei der Geburt dabei zu sein, weil Sie bei dem Gedanken ein „mulmiges Gefühl" in der Magengegend haben. Wahrscheinlich sind Sie in der Lage, viel mehr auszuhalten, als Sie sich im ersten Moment zutrauen. Oder schalten Sie bei den brutalen Gemetzeln von „Game of Thrones" immer gleich weg? Na also. Und Ihre Partnerin kann ja auch nicht einfach sagen: „So eine Entbindung ist echt zu krass für mich. Da bin ich raus." Versuchen Sie einfach, das gemeinsam durchzustehen. Es wird garantiert ein unvergessliches Erlebnis!

WARTEN, WARTEN, WARTEN

Eine Entbindung ist meist für alle Beteiligten sehr kräftezehrend und langwierig. Im Normalfall zieht sie sich über mehrere Stunden hin. Möglicherweise sind Sie jetzt ein wenig enttäuscht, denn um Ihre Partnerin rechtzeitig in den Kreißsaal zu bringen, haben Sie sich schon wie Sebastian Vettel zum Krankenhaus rasen gesehen. Das ist aber höchstens notwendig, wenn das Baby schon so weit draußen ist, dass es Ihnen bereits zuwinken kann. Ansonsten könnten Sie auch mit der Pferdedroschke fahren und kämen immer noch früh genug an.

Im Schnitt vergehen zwischen der ersten Wehe und dem Moment, in dem Sie das Kind im Arm halten, zwischen zehn und vierundzwanzig Stunden. Vor allem bei der Geburt des ersten Kindes haben Sie theoretisch also genügend Zeit, dass Sie gemeinsam die „Herr der Ringe"-Trilogie und alle „Hobbit"-Filme am Stück anschauen könnten. Und zwar im Director's Cut in der Extended Version. Sie sollten das auch durchaus in Erwägung ziehen, denn wenn Sie erst mal Eltern sind, kommen Sie voraussichtlich mehrere Jahre lang ohnehin nicht mehr dazu, überhaupt einen Film zu sehen. (Bitte ergänzen Sie in diesem Fall die Geburtstaschen-Liste auf Seite 58/59 noch um den Punkt „Popcorn".)

WAS BIN ICH?

Die Aufgabe Ihrer Partnerin bei der Geburt ist eindeutig: Sie ist dafür zuständig, das Kind – unter Umständen sogar mehrere – zur Welt zu bringen. Ihre Rolle ist dagegen weniger klar. Biologisch gesehen ist Ihre Anwesenheit bei der Entbindung so unnötig wie ein Song von David Guetta.

Aber vollkommen unnütz scheinen Männer bei einer Entbindung doch nicht zu sein. In den einschlägigen Ratgeberbüchern und Internetseiten sind für Väter verschiedene Aufgaben vorgesehen: Erfrischungen und Snacks anbieten, Massagen verabreichen, Mut zusprechen, zwischen der Frau und dem Klinikpersonal vermitteln und sich allgemein durch liebevolle Zuneigung hervortun. Als idealer Geburtsbegleiter sind Sie also am besten eine Mischung aus Butler, Physiotherapeut, Motivationsguru, Diplomat und Callboy.

Ansonsten sollten Sie meiner Erfahrung nach einfach versuchen, nicht unangenehm aufzufallen. (So wie bei der Zeugung.)
Tun Sie einfach, was Ihre Partnerin von Ihnen verlangt:

→ Wenn sie massiert werden will, massieren Sie sie.

→ Wenn sie ein kaltes Getränk gebracht haben möchte,
bringen Sie ihr ein kaltes Getränk.

→ Wenn sie Ihre Hand halten will, dann lassen Sie sie Ihre
Hand halten – auch auf die Gefahr hin, sich während
einer Presswehe einen Trümmerbruch zuzuziehen.

→ Und wenn sie sagt, Sie sollen endlich Ihre verdammte
Fresse halten, dann halten Sie endlich Ihre verdammte
Fresse.

Vor allem sollten Sie sich zu keinem Zeitpunkt über irgendetwas beklagen. Bei der Entbindung geht es in erster Linie um die Mutter und das Kind, nicht um Sie. Falls Sie das unfair finden, stellen Sie sich vor, wie Sie eine Honigmelone durch eine Körperöffnung mit dem Umfang einer Konservendose pressen. Dann geht es wieder.

SÄTZE, DIE SIE WÄHREND DER GEBURT NICHT SAGEN SOLLTEN:

„DAUERT'S NOCH **LANGE?**"

„LANGSAM BEKOMM ICH EIN **KLEINES HÜNGERCHEN.**"

„WENN ES EIN MÄDCHEN WIRD, KÖNNEN WIR SIE NACH **MEINER MUTTER** NENNEN."

„MIR TUT DER **HINTERN** VOM VIELEN SITZEN SCHON **WEH.**"

„**REIN** GING'S IRGENDWIE **LEICHTER.**"

SCHMERZ, LASS NACH

In vielen Schwangerschaftsratgebern wird der Geburtsschmerz als etwas Positives dargestellt. Die Gebärende soll jede Wehe als einen Schritt zur Geburt ihres Kindes begrüßen. Das ist sicherlich gut gemeint, um Schwangeren die Angst vor dem Wehenschmerz zu nehmen, setzt aber unter Umständen Frauen unter Druck, die nicht jede Wehe mit einem fröhlichen „Schön, dass du da bist!" willkommen heißen.

Eine Geburt ist für die Frau mit sehr vielen Schmerzen verbunden. Schmerzen, die Sie als Mann nicht im Entferntesten nachvollziehen können.

Da jede Frau die Geburt anders erlebt, sollte sie auch selbst entscheiden, ob sie Schmerzmittel bekommen will und welche. Möchte Ihre Partnerin beispielsweise ihre Schmerzen mit einer Bachblüten-Therapie lindern, sollten Sie sie nicht überreden, sich ein bisschen Lachgas reinzupfeifen, weil Sie ihr Leid nicht mehr ertragen können. Verlangt Ihre Partnerin umgekehrt nach harten pharmazeutischen Schmerzkillern, sollten Sie ihr nicht einreden, es doch erst mal mit ein paar homöopathischen Kügelchen zu probieren. Außer Sie wollen „Arsch des Jahres" werden.

DAS KIND KOMMT
ODER: DER NIEDLICHSTE GOLLUM DER WELT

Irgendwann nach langem Warten ist es so weit: Ihre Partnerin presst mit einem markerschütternden Schrei ein letztes Mal und dann ist Ihr Baby auf der Welt. Die Hebamme zeigt Ihnen normalerweise direkt das Kind. Sie sollten jedoch darauf gefasst sein, dass ein Säugling, der sich gerade durch den Geburtskanal gequetscht hat, eher nicht aussieht wie ein rosiges, properes Baby aus der Windelwerbung. Mehr wie Gollum, der zu lange in einer Brühe aus Klärschlamm, Blutwurst und Frischkäse geschwommen ist. Aber Sie sind in dem Moment ohnehin so vollgepumpt mit Endorphinen und Adrenalin, dass es für Sie trotzdem das schönste Kind der Welt ist.

FIRST CONTACT

Wenn Ihre Partnerin möchte, kann sie sich das Neugeborene direkt nach der Geburt auf den Bauch legen, damit sich die beiden beschnuppern können. Diesen Part können aber auch Sie übernehmen. Sprechen Sie das allerdings vorher mit Ihrer Partnerin und der Hebamme ab und reißen Sie sich nicht unangekündigt das Hemd vom Leib wie ein zweitklassiger Stripper.

Schließlich soll die erste Erfahrung Ihres Babys nicht sein, wie sein Papa wegen Erregung öffentlichen Ärgernisses aus dem Geburtsraum geschmissen wird. Obwohl das bestimmt auch ein unvergessliches Erlebnis wäre.

3.

EINE SCHRECKLICH NETTE FAMILIE

ALLES ÜBER DIE ERSTE ZEIT ZU DRITT

DAS WOCHENBETT:
HOME SWEET HOME

Egal, ob Ihr Kind in der Klinik oder im Geburtshaus zur Welt gekommen ist, irgendwann kommt der Moment, in dem Sie als frischgebackene Familie nach Hause geschickt werden. Es ist vollkommen normal, dass Sie als Eltern dann weiche Knie, schwitzige Hände und das Gefühl haben, sich gleich übergeben zu müssen. Wahrscheinlich denken Sie, die Hebammen, Ärzte, Krankenschwestern oder wer auch immer Sie gehen lässt, müssen den Verstand verloren haben. Wie könnten sie Ihnen sonst einen Säugling anvertrauen, wo Sie doch überhaupt keine Ahnung haben, was jetzt alles zu tun ist. Erinnern Sie sich einfach an meine mittelmäßig weisen Worte aus dem Vorwort: Keine Panik! Es wird schon schiefgehen.

HEIMFAHRT DES GRAUENS

Der Weg nach Hause mit Ihrem Kind wird Ihnen höchstwahrscheinlich gefährlicher vorkommen als Frodos Reise nach Mordor, um den vermaledeiten Ring im Schicksalsberg zu zerstören. Wenn Sie mit Ihrem eigenen Auto fahren, werden Sie sich so penibel an Verkehrsregeln und Geschwindigkeitsbeschränkungen halten, als wären Sie Statist eines „Der 7. Sinn"-Videos. Allerdings sollten Sie dann damit rechnen, von der Polizei angehalten zu werden. Denn wer sich so akkurat an die Straßenverkehrsordnung hält, macht sich natürlich verdächtig.

Nehmen Sie stattdessen ein Taxi, werden Sie dem Fahrer vermutlich nachdrücklich erklären, dass Sie nicht zögern werden, ihn mit seinem Anschnallgurt zu erwürgen, sollte er auch nur einen Stundenkilometer zu schnell fahren.

Aller Voraussicht nach erreichen Sie Ihr Zuhause trotz aller Gefahren unbeschadet – und dann startet Level 1 Ihres neuen Vater-Mutter-Kind-Live-Rollenspiels.

DER WOCHENBETT-BUTLER

Daheim beginnt für Ihre Frau und Ihr Baby das sogenannte Wochenbett. Haben Sie sich während der Schwangerschaft und bei der Geburt vielleicht noch wie ein mieser Nebendarsteller gefühlt, an den sich am Ende des Films niemand erinnern kann, dann schlägt jetzt Ihre große Stunde! Sie tragen nun dafür Sorge, dass Mutter und Kind die Erholung bekommen, die sie nach der anstrengenden Geburt benötigen. Und das ist ein Fulltime-Job:

KOCHEN? **IHR JOB!**

PUTZEN? **IHR JOB!**

EINKAUFEN? **IHR JOB!**

WÄSCHE WASCHEN? **IHR JOB!**

WICKELN? **IHR JOB!**

ERFRISCHUNGEN & SNACKS REICHEN? **IHR JOB!**

BABY SPAZIEREN FAHREN ODER TRAGEN? **IHR JOB!**

NERVIGEN BESUCH ABWIMMELN? **IHR JOB!**

Möglicherweise finden Sie das nach ein paar Tagen ziemlich anstrengend und nervig. Das sollten Sie Ihrer Partnerin aber niemals sagen. Zu Ihrer Erinnerung: Das ist die Frau, die stundenlang in den Wehen lag und Ihr gemeinsames Kind unter Schmerzen auf die Welt gebracht hat. Stellen Sie sich einfach noch einmal kurz vor, wie Sie die Honigmelone durch die Konservendosen-Körperöffnung pressen. Dann genießen Sie das Badputzen wie den Besuch einer Wellness-Oase.

→ ÜBERLEBENSTIPP: GEHEN SIE IN BABY-FLITTERWOCHEN

Um sich um Ihre Familie zu kümmern und möglichst viel Zeit mit Ihrem Neugeborenen zu verbringen, sollten Sie am besten mindestens zwei bis drei Wochen Urlaub nehmen. Falls das nicht möglich ist, bestechen Sie einfach Ihren Hausarzt, damit er Sie krankschreibt. (Diesen Tipp haben Sie nicht von mir.)

Seien Sie aber in der Zeit des Wochenbetts nicht zu hart mit sich. Für die Einkäufe gibt es Lieferdienste, Wäsche muss nicht unbedingt gebügelt werden, und Ihre Wohnung muss auch nicht blinken und blitzen, als wäre Meister Proper Ihre Haushaltshilfe. Wenn Sie beim Heimkommen allerdings fröhlich von Ihrem Flokatiteppich begrüßt werden, sollten Sie doch mal wieder durchwischen. (Vor allem, wenn Sie gar keinen Flokatiteppich haben.)

Ebenso wenig ist es nötig, dass Sie jeden Tag ein dreigängiges Sternemenü aus ausschließlich biologisch angebauten Zutaten zaubern. Ihr Kind wird später schon nicht durchs Abitur fallen, nur weil Sie der Mutter in der Stillzeit mal eine Tiefkühl-Pizza serviert haben.

BONDING:
ATEMNOT UND PIPIDRUCK

Kümmern Sie sich während des Wochenbetts aber nicht nur um Haushalt, Einkaufen und Kochen, sondern verbringen Sie auch so viel Zeit wie möglich mit dem Baby, damit Sie zu Ihrem Kind eine ebenso enge Beziehung aufbauen wie die Mutter.

Es gibt beispielsweise nichts Innigeres und Ergreifenderes, als sich den Säugling auf die nackte Brust zu legen und die Zweisamkeit zu genießen. Bis das Kleine dann einschläft und sein Kopf auf Ihrer Brust immer schwerer wird, sodass Sie kaum noch Luft bekommen. Gleichzeitig drücken die Babybeinchen auf Ihre Blase, und Sie haben das dringende Bedürfnis, auf die Toilette zu gehen. Sie trauen sich aber nicht, sich auch nur einen Millimeter zu bewegen, aus Angst, das Baby zu wecken. Das ist zwar immer noch ein sehr inniger Moment, aber nicht mehr ganz so ergreifend.

DAS STILLEN:
EAT THIS!

Stillen ist fantastisch. Muttermilch ist gesund, (fast) immer vorrätig und kostet nichts. Der einzige Haken: In den seltensten
Fällen funktioniert das Stillen gleich von Anfang an wie am
Schnürchen. Eigentlich nie. Das Baby findet die Brustwarzen
nicht, es gibt zu viel oder zu wenig Milch, die Brustwarzen
schmerzen oder die Milch staut. Unterstützen Sie Ihre Partnerin, damit diese nicht zu sehr gefrustet ist. Sie können sich auch
Tipps von einer Stillberaterin geben lassen. Bei vielen Frauen
klappt es mit dem Stillen nach ein paar Wochen ganz problemlos. Außer wenn das Baby kränkelt, müde ist, Blähungen hat,
zahnt, einen Wachstumsschub durchmacht oder einfach seine
Unzufriedenheit mit der Gesamtsituation ausdrücken muss.
Aber ansonsten klappt das Stillen wie am Schnürchen.

LASS MAL VADDI MACHEN

Manche Männer sind geradezu neidisch auf die exklusive Zweisamkeit, die Mutter und Kind beim Stillen haben. Sie haben aber auch als Vater verschiedene Möglichkeiten, sich aktiv in die Stillerei einzubringen. Ganz ohne Brüste!

Muss das Baby zwischendurch gewickelt werden, ist das Ihr Job, damit sich Ihre Partnerin erholen kann. Stillen sieht zwar aus, als würden Mutter und Kind gemütlich chillen, tatsächlich ist es aber das reinste Fitnessprogramm: Stillende Mütter verbrauchen rund 500 Kalorien zusätzlich am Tag. Dafür müssten Sie ungefähr eine Dreiviertelstunde joggen gehen. (Apropos: Wann waren Sie eigentlich das letzte Mal joggen?)

Zusätzlich können Sie mit dem Baby nach dem Stillen durch die Wohnung laufen, damit es ein Bäuerchen macht. Das wird inzwischen zwar als nicht mehr ganz so wichtig angesehen wie noch zu Zeiten, als Sie und ich in die Windeln gemacht haben, aber es tut trotzdem gut. In erster Linie Ihnen, weil Sie sich dann wenigstens ein bisschen bewegen. (Ich wiederhole mich nur ungern, aber: Wann waren Sie das letzte Mal joggen?)

Außerdem gibt es stillfreundliche Zufütterungsmethoden, bei denen Sie sich einbringen können. Zum Beispiel indem Sie dem Baby kleine Mengen Milch mit dem Löffel geben. Oder Sie lassen es aus einem Schnapsglas schlecken (also Milch, nicht Schnaps).

Alternativ kann Ihre Partnerin auch Milch abpumpen und Sie geben dem Baby ein Fläschchen. Das ist aber wirklich eine Runde chillen, denn Sie verbrauchen dabei keine einzige Kalorie mehr. Also, Finger weg von Chips und Schokolade während des Fläschchengebens. (Und gehen Sie verdammt noch mal danach joggen.)

Manche Väter werden irgendwann sogar ein bisschen eifersüchtig, weil sie es nicht gewohnt sind, die Brüste ihrer Partnerin zu teilen. Falls Sie solche Gefühle haben, gebe ich Ihnen einen Tipp: Klappen Sie das Buch zu, hauen Sie sich damit auf den Kopf und dann reißen Sie sich zusammen. Erstens, Stillen ist gut für das Kind, zweitens, Sie haben keinen Besitzanspruch auf den partnerlichen Busen, und drittens, es ist nur Ihr Baby, das an den Brüsten Ihrer Partnerin nuckelt und nicht der schmierige Nachbar von schräg gegenüber.

GIB DEM KIND DIE FLASCHE

Es kann aber auch sein, dass es selbst mit den besten Tipps und viel gutem Willen mit dem Stillen nicht klappt, sondern sehr schmerzhaft für die Mutter ist. Dann bringt es natürlich nichts, wenn diese auf Teufel komm raus stillt und dabei mehr Qualen erleidet als beim Besuch eines Pur-Konzerts.

Manchmal produzieren die Milchdrüsen auch einfach nicht genügend Stoff. Das ist aber kein Drama, denn es gibt heutzutage sehr hochwertige Muttermilch-Ersatznahrung, die dem Originalprodukt schon sehr nahekommt. (Okay, für Ihren Geldbeutel ist es möglicherweise doch ein Drama, denn ganz billig ist diese Ersatznahrung nicht.)

Sie müssen auch keine Sorgen haben, dass es schädlich für Ihr Kind ist, wenn es nicht gestillt wird. Ich bin beispielsweise auch als Baby mit dem Fläschchen gefüttert worden und habe mich vollkommen normal entwickelt. (Eine Auffassung, die möglicherweise nicht alle Menschen in meinem Umfeld uneingeschränkt teilen.)

→ ÜBERLEBENSTIPP: DAS SPUCKTUCH ALS ACCESSOIRE FÜR DEN MODERNEN VATER

Wenn Sie nach dem Füttern mit dem Baby herumlaufen, damit es ein kleines Bäuerchen macht, sollten Sie sich unbedingt eine Stoffwindel über die Schulter legen. „Kleines Bäuerchen" ist nämlich meist eine Verniedlichung für „Baby spuckt schwallartig die Hälfte der gerade getrunkenen Milchmahlzeit aus".

DAS WICKELN:
EINE SAUBERE SACHE

So ein Säugling kann am Anfang zwar noch nicht viel, aber verdaut schon wie ein Großer. Gerne auch bis zu zehn Mal täglich. Als frischgebackene Eltern verbringen Sie also sehr viel Zeit mit Windelwechseln. Am Anfang haben Sie möglicherweise etwas Respekt davor, Ihr Baby zu wickeln, weil es so klein und zart ist. Da müssen Sie aber keine Angst haben. Babys sind robuster, als sie aussehen. Die Natur hat das so eingerichtet, dass Säuglinge auch das Wickeln durch extrem tollpatschige Erstlingseltern überstehen.

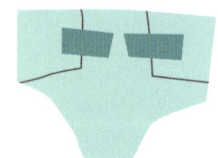

DIE WINDEL: HAUPTSACHE DICHT

Bei den Windeln können Sie entweder auf Einwegwindeln zurückgreifen, die sehr saugfähig sind und auch von grobmotorisch veranlagten Menschen unfallfrei angelegt werden können, oder Sie nehmen Stoffwindeln, die auf Dauer deutlich billiger und auch umweltschonender sind. Auf jeden Fall sollten Sie darauf achten, dass die Windel die richtige Größe hat. Schließt die Windel nicht richtig an Bauch und Beinen, läuft alles raus (wirklich alles!) und dann können Sie sich auch gleich in der Windelfrei-Methode ausprobieren.

DER WICKELBEREICH: ACHTUNG, BABY!

Für das Wickeln benötigen Sie nicht unbedingt eine Wickelkommode, eine Wickelauflage für die Waschmaschine reicht vollkommen aus. Die Kommode oder die Auflage sollte auf jeden Fall eine erhöhte Seitenbegrenzung haben, denn Babys sind beim Windelwechseln häufig so agil wie ein Opossum mit Zappelphilipp-Syndrom und entsprechend schwer im Zaum zu halten. Trotz Seitenschutz lassen Sie Ihr Baby aber beim Wickeln nie alleine, denn das ist garantiert der Moment, in dem Ihr Kind das erste Mal zu einem doppelten Salto mit Schraube ansetzt.

→ ÜBERLEBENSTIPP: VORSICHT, URIN!

Nicht selten machen Babys während des Wickelns Pipi und erweisen sich als äußerst zielsicher, wenn sie im hohen Bogen Richtung Papa pieseln. Deswegen müssen Sie beim Windelwechseln nicht gleich einen Ganzkörperanzug wie Walter White im Crystal-Meth-Labor von „Breaking Bad" anziehen, aber vielleicht auch nicht gerade einen Smoking.

Das mit dem Wickeln liest sich jetzt schlimmer, als es eigentlich ist. Schon nach kurzer Zeit werden Sie so geübt sein, dass Sie das Windelwechseln mit einer Hand hinbekommen, während Sie gleichzeitig auf einem Einrad fahren, mit der anderen Hand brennende Fackeln jonglieren und dabei Schwerter schlucken. (Lassen Sie das Kind aber nicht mit den Fackeln und Schwertern spielen. Es könnte sich verletzen.)

DAS SCHLAFEN:
ES IST KOMPLIZIERT

Das Problem besteht nicht darin, dass Babys gar nicht schlafen. Sie schlafen sogar ziemlich viel. Durchschnittlich 14 bis 18 Stunden pro Tag. Manche sogar 20. Allerdings schlafen die meisten Babys nicht gerne ein. Zumindest nicht abends oder nachts.

Gerne würde ich Ihnen jetzt die eine todsichere Methode vorstellen, wie jeder Säugling problemlos ein- und durchschläft. Die kenne ich aber nicht – sonst wäre ich Multimilliardär – und ich behaupte forsch, es gibt sie auch nicht. Jedes Baby ist anders und hat sein eigenes Schlafverhalten.

Es gibt circa eine Million Möglichkeiten, Babys zum Schlafen zu bringen. Schaukeln, durch die Wohnung tragen, mit dem Auto rumfahren, schreien lassen (Pfui!), eine Geschichte erzählen, fest in ein Tuch wickeln, vorsingen (dann vielleicht doch lieber schreien lassen) und, und, und. Sie müssen lediglich das eine Ritual finden, das bei Ihrem Baby wirkt. Und wenn es nach zwei Wochen dann nicht mehr klappt, mit der Suche wieder von vorne anfangen.

UND ES HAT KNACKS GEMACHT

Hat Ihr Baby irgendwann endlich die Augen zugemacht, dürfen Sie sich aber nicht in falscher Sicherheit wiegen. Bis das Kind die Tiefschlafphase erreicht, dauert es ungefähr 20 Minuten, und bis dahin reicht es aus, wenn im brasilianischen Regenwald ein Ozelot pupst, damit das Baby wieder aufwacht. Sie werden auf einmal feststellen, wie unfassbar laut Ihre Wohnung ist. Die Dielen knarzen, die Türscharniere quietschen, der Kühlschrank brummt. Aber das mit Abstand lauteste Geräusch ist das Knacken Ihrer Gelenke, wenn Sie sich auf Zehenspitzen rausschleichen. Da könnten Sie auch gleich ein Dutzend Chinaknaller in den Raum werfen.

→ ÜBERLEBENSTIPP: MEIDEN SIE STREBER-ELTERN

Irgendwann treffen Sie bestimmt andere Eltern, die erzählen: „Unser Baby müssen wir nur ins Bettchen legen und dann schläft es ganz von alleine ein." Das sind die gleichen Eltern, die in ein paar Jahren rumnerven, ihr Kind esse gerne Gemüse, spiele nicht an der Konsole und übe immer freiwillig Geige. Brechen Sie sofort den Kontakt ab!

So schwierig und kräftezehrend die Schlafproblematik auch ist, etwas Tröstliches kann ich Ihnen doch mitgeben: Egal wie anstrengend die durchwachte Nacht war, wenn Sie morgens ins Bettchen schauen und Ihr Baby lacht Sie zahnlos und mit großen Augen an, lieben Sie Ihr kleines Goldstück wie nie zuvor. Da erinnern Sie sich mit einem Mal nicht mehr an die Anstrengungen der Nacht. Vielleicht macht der Schlafentzug aber auch einfach nur vergesslich.

HÖLLE, HÖLLE, HÖLLE

Ich möchte nicht fatalistischer als die Anhänger einer Welt-untergangssekte klingen, aber stellen Sie sich darauf ein, dass Ihr Baby zwar für einen steten Ausstoß von Glückshormonen bei Ihnen sorgt, die ersten Monate aber trotzdem hart, frustrierend und entbehrungsreich werden. Oder anders gesagt: Wenn Sie ein permanentes Gefühl der Unsicherheit und Überforderung erleben möchten, bei dem Sie außerdem regelmäßig abends feststellen, dass Sie den ganzen Tag mit Kotze auf dem Hemd herumgelaufen sind, dann war die Entscheidung für ein Kind genau richtig!

DIE HEILE WELT, DAS SIND DIE ANDEREN

Lassen Sie sich nicht von den weichgezeichneten Bildern von Familienidylle und Elternschaft aus der Werbung, auf Instagram oder im restlichen Internet unter Druck setzen. Ja, es gibt diese Situationen, in denen Sie fast platzen, weil Ihr Baby für Sie das größte Glück auf Erden ist. Zum Beispiel, wenn es friedlich wie ein Engel in Ihren Armen schläft.

Aber Sie werden mindestens ebenso viele Momente erleben, in denen Sie am Rande des Nervenzusammenbruchs stehen und glauben, Ihr Baby sei von einem Dämon besessen, dessen einziges Lebensziel darin besteht, Sie zur Strecke zu bringen. Machen Sie sich klar, dass das allen Eltern so geht. Selbst Prinz William und Kate. Oder deren Kinderfrau, die sich Tag und Nacht um die königlichen Gören kümmern muss.

→ ÜBERLEBENSTIPP: GUT, DASS WIR DARÜBER GESPROCHEN HABEN

Gerade in den anstrengenden ersten Monaten ist es wichtig, viel mit Ihrer Partnerin zu reden. Gespräche helfen, Missverständnisse und falsche Erwartungen zu vermeiden.

Okay, wahrscheinlich sind Sie so übermüdet und durch den Wind, dass Sie sich schon nach zehn Minuten nicht daran erinnern können, sich überhaupt mit jemandem unterhalten zu haben. Aber zumindest müssen Sie sich später nicht vorwerfen, Sie hätten nicht genügend miteinander geredet.

FAMILIE UND BERUF:
VEREINBARKEIT
WIE ZU ADENAUERS ZEITEN

Vor allem in den ersten Jahren nach der Geburt des ersten Kindes verfallen viele Eltern aus ganz unterschiedlichen Gründen in „traditionelle" Familienmuster. Die Mutter bleibt zu Hause beim Kind und übernimmt Hausarbeit und Kinderpflege, der Vater ist als Erwerbstätiger für das Familieneinkommen verantwortlich. Sind alle mit dieser Rollenverteilung zufrieden, ist alles paletti. Allerdings ist das auf Dauer häufig nicht der Fall.

Wenn Sie sich für so ein Modell entscheiden, ist Ihre Partnerin vielleicht irgendwann vom Hausfrauendasein gefrustet und fühlt sich geistig unterfordert. Denn den ganzen Tag mit einem Säugling zu verbringen, ist zwar emotional erfüllend, aber intellektuell so inspirierend wie ein Gespräch mit einem Schoko-Muffin. Sie wiederum sind möglicherweise von Ihrem Job gestresst und hätten gerne Ihre Ruhe, wenn Sie abends heimkommen. Zur Begrüßung wird Ihnen dann aber gerne ein brüllender, rotköpfiger Hellboy entgegengehalten, der entfernte Ähnlichkeit mit Ihrem Kind aufweist. Eine Lose-lose-Situation für alle Beteiligten.

Heutzutage ist es nicht mehr ungewöhnlich, wenn Männer Elternzeit nehmen. Vielleicht ist es für Sie eine Option, mehr als die typischen zwei Väter-Monate zu nehmen. Sie befürchten dadurch einen Karriereknick? Nun, Ihre Partnerin in ihrem Job wahrscheinlich auch. Und haben Sie keine Angst davor, dass die kinderlosen Kollegen Sie auf der Karriereleiter überholen: Man kann auch ohne Kinder keine Karriere machen!

TSCHÜSSI

MAKE TEAMWORK GREAT AGAIN

Auch für Sie als Paar werden die ersten Monate mit Kind weder ein Ponyhof noch ein Zuckerschlecken. Sie werden sich ganz anders kennenlernen und vollkommen neue Seiten entdecken. Nicht nur gute. Zum Beispiel wie missgünstig Sie beide sein können, wenn Sie sich vorrechnen, wer nachts länger mit dem weinenden Kind durch die Wohnung getapert ist.

Aber Sie werden auch an diesen „familiären" Herausforderungen wachsen. Unterstützen Sie sich, seien Sie füreinander da, dann klappt das schon. Irgendwie.

Stellen Sie beispielsweise fest, dass Ihre Mitgefühl-Reserven gegenüber dem Baby aufgebraucht sind, übergeben Sie es seiner Mutter und reagieren Sie sich ab, indem Sie beispielsweise einen Klafter Holz hacken. (Sollten Sie kein Holz vorrätig haben, fällen Sie einfach ein paar Bäume im nahe gelegenen Stadtpark.) Anschließend übernehmen Sie das Baby und Ihre Partnerin kann den Rest des Parks roden. So geht Teamwork!

ALLES WIRD GUT!

Um Ihnen zum Schluss noch etwas Mut zu machen: Nein, Sie müssen das Kind nicht schon in der Schwangerschaft zur Adoption freigeben. Trotz aller Entbehrungen, Frustrationen und Erschöpfung, die das erste Jahr als Eltern mit sich bringt, sind Kinder etwas Großartiges! Sie bereichern Ihr Leben mehr, als Sie es sich jemals hätten vorstellen können, sie sind unglaublich niedlich, wenn sie zahnlos lächeln oder mit ungefähr einem Jahr wie der betrunkene Butler aus „Dinner for One" durch die Wohnung laufen, und sobald sie sprechen können, erzählen sie jede Menge lustigen Quatsch. Es gibt schlechtere Mitbewohner.

Wenn Sie und Ihre Partnerin als Team gut funktionieren, dann werden Sie sich nicht von schlaflosen Nächten, der dauernden Müdigkeit oder zahnbedingten Schreiattacken unterkriegen lassen. Versuchen Sie, in der Schwangerschaft und als Eltern nicht perfekt zu sein, und hören Sie nicht zu viel auf andere (vor allem nicht auf Ratgeber-Autoren), die wissen es meistens auch nicht besser (vor allem Ratgeber-Autoren!).

SIE SCHAFFEN DAS!

Christian Hanne, Jahrgang 1975, ist im Westerwald aufgewachsen und hat als Kind zu viel Ephraim Kishon gelesen und zu viel „Nackte Kanone" geschaut.
Inzwischen lebt er mit seiner Frau und seinen beiden Kindern in Berlin-Moabit. Auf seinem Blog „Familienbetrieb", auf Twitter und Facebook sowie in Büchern und Kolumnen für verschiedene Medien schreibt er über den normalen Alltagswahnsinn mit Kindern und Kegel. Kulinarisch pflegt er eine obsessive Leidenschaft für Käsekuchen. Sogar mit Rosinen. Ansonsten ist er mental einigermaßen stabil.

© 2019 arsEdition GmbH, Friedrichstr. 9, D-80801 München
Alle Rechte vorbehalten
Text: Christian Hanne
Illustration und Innengestaltung: Stefanie Wawer
Covergestaltung: arsEdition GmbH
ISBN 978-3-8458-3096-4
5. Auflage

www.arsedition.de

MIX
Papier aus verantwortungsvollen Quellen
FSC
www.fsc.org
FSC® C120704